지은이 페르닐라 스탈펠트

1962년 스웨덴의 외레브로라는 곳에서 태어났어요. 대학에서 문화학과 예술학을 공부한 뒤에
박물관에서 어린이들에게 현대미술을 가르치는 일을 했습니다.
1997년부터 그림책 작가로 활동하면서 《죽으면 어떻게 돼요?》《세상으로 나온 똥》《두들겨패줄 거야》 등
많은 그림책을 쓰고 그려서, 엘사 베스코브상 등의 어린이문학상을 받았어요. 특히 모든 작품에는,
동화책 《삐삐 롱스타킹》을 쓴 작가, 아스트리드 린드그렌을 추모하는 아동문학상인
아스트리드 린드그렌상이 주어졌습니다.

옮긴이 이미옥

경북대학교 독어교육과를 졸업하고 독일 괴팅겐대학교와 경북대학교에서 독문학 석·박사 학위를
받았습니다. 지금은 〈초코북스〉라는 저작권 에이전시를 운영하며 번역가로 활동합니다.
옮긴 책으로 《죽으면 어떻게 돼요?》 등의 처음철학그림책 시리즈, 《괜찮아, 보이는 게 전부는 아니야》
《피카소는 어떤 화가일까?》《미로는 어떤 화가일까?》《나는 나야 그렇지?》 등 60여 권이 있습니다.

처음 철학 그림책 〈이야기〉 | 이야기는 어떻게 만들까?

초판 1쇄 발행 2017년 5월 7일 | 초판 3쇄 발행 2023년 11월 8일
지은이 페르닐라 스탈펠트 | 옮긴이 이미옥
펴낸이 송영민 | 디자인 달뜸창작실 | 교정 교열 우순교
펴낸곳 시금치 | 주소 서울시 마포구 잔다리로7길 18, 5층 | 전화 02-725-9401
팩시밀리 0303-0959-9403 | 전자우편 7259401@naver.com
출판등록: 2002년 8월 5일 제300-2002-164호

ISBN 978-89-92371-46-9 74100
      978-89-92371-22-3(세트)74100

EN BOK OM ATT BERÄTTA by Pernilla Stalfelt
ⓒ 2014 Pernilla Stalfelt
First published by Rabén & Sjögren, Sweden, in 2014
Korean Translation Copyright ⓒ 2017 by Green Spinach Publishing
All rights reserved.
The Korean language edition is published by arrangement with
Raben&Sjögren Agency, Sweden through MOMO Agency, Seoul.

이 책의 한국어판 저작권은 모모 에이전시를 통해 Raben&Sjögren Agency 사와의 독점 계약으로 '도서출판 시금치'에 있습니다.
저작권법에 의해 한국 내에서 보호를 받는 저작물이므로 무단전재와 무단복제를 금합니다.

이 책은 한국출판문화산업진흥원의 출판콘텐츠 창작자금을 지원받아 제작되었습니다.

값은 뒤표지에 있습니다.

처음 철학 그림책

이야기

이야기는 어떻게 만들까?

페르닐라 스탈펠트 글 그림 | 이미옥 옮김

시금치

이야기 만들기는 정말 재미있어!

이야기는 글로 만들 수도 있어.
이렇게 말이야.

> 티미가 산책을 나갔다.
> 햇빛이 환한 길에서
> 달팽이를 만났다.

그림으로 만들 수도 있지.
바로 이렇게.

글과 그림을 모두 써서 만들 수도 있어.

이 사람은 이본느야. 마야를 만나서 차를 몰고 모로코로 가지.

이야기를 만들 때는

먼저 인물, 그러니까 주인공을 생각해 내야 해. 주인공이 있어야 사건이 생기거든.

어느 쪽에서 본 모습이든 주인공을 잘 그릴 수 있어야 해.

그런 다음엔 주인공에게 이름을 붙여 줘.

막스, 안나벨, 프리츠같이.

막스가 비명을 지른다면, 말풍선도 비명을 지르듯이 그려 봐.

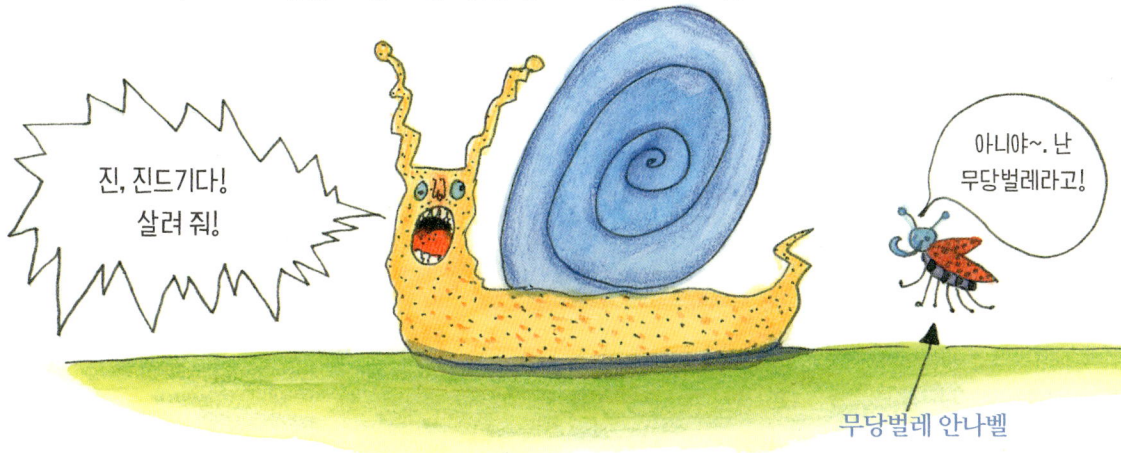

무당벌레 안나벨

막스가 들리지도 않는 입속말을 하면, 말풍선도 입속말을 하듯이 그리는 거야.

막스가 무언가를 생각하는 모습이라면, 말풍선도 생각을 하듯이 그리는 거지.

로봇의 말은 네모난 말풍선에 넣을 수도 있어. 기계 소리는 딱딱하니까.

유령이나 괴물 목소리는 섬뜩하고 차갑잖아. 모든 것을 얼어붙게 할 것처럼. 그러니 말풍선에도 고드름을 다는 거야.

사랑의 요정이 하는 말은 하트 모양 말풍선에 적어 봐.

생각이 반짝 날 때는 이렇게 그릴 수도 있어.

병에서 나온 유령이 하는 말은 이렇게 표현할 수도 있고.

머리카락이 있는 해골이 저주를 퍼붓는 모습이야.

같은 주인공도 감정에 따라 여러 가지 표정을 짓게 할 수 있어.
새로운 표정을 만들어 봐.

보통 때 표정   진지한 표정   기쁜 표정

신이 난 표정   걱정스런 표정   슬픈 표정

너무 슬픈 표정

최고로 슬픈 표정

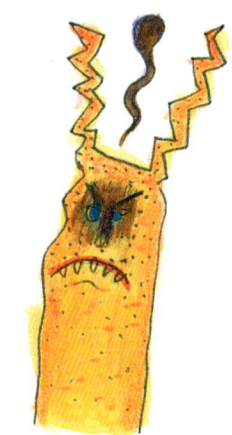
화난 표정

잔뜩 화난 표정   어지러운 표정   메스꺼운 표정

칸을 그리고 그 속에 글과 그림을 넣을 수도 있어.

그러면 이야기를 펼쳐 나가기가 더 쉬울 수도 있단다.

칸의 크기는 같지 않아도 돼.

몸통이 기다란 강아지, 다켈

새에 관한 짧은 이야기

아주 긴 이야기도 가능하지.

4미터

두 가지 상황을 동시에 표현하고 싶으면 네모 칸을 이렇게 나누어도 돼.

재미있게 하려고 칸을 동그랗게 그리기도 해.

이야기를 만들다 보면 날씨를 바꾸어야 할 때도 많아.

예를 들어 볼게.

엘비스

엘비스는 예쁜 우리에서 지내는 것을 좋아해.

신선한 채소도 좋아하지.

하루는 엘비스가 여자 친구 로지타를 만나서

술래잡기를 했어.

두 기니피그는

오이를 먹고

사다리를 타고 올라가서는

창밖으로 뛰어내렸어.

그러고서 이리저리 돌아다니는데

갑자기 비가 오지 뭐야.

둘은 우산을 쓰고

뱃놀이를 했어.

특별한 느낌도 이야기로 만들 수 있어.

사랑에 대해……

사랑

입맞춤

리프 로자

작은 코끼리들은 서로 사랑했어.

심장에 사랑의 화살을 맞은 거지.

쩍!

사랑이 끝났다.
퀑!

엉엉엉.

너무 슬퍼.

미움에 대해서도….

미움이 가득한 마음

화가 난 프란츠

싸우는 중

퍽

슬픔에 대한 이야기도 만들 수 있어.

항복해!

흑흑

슬픔

죽은 기니피그

총알처럼 빠른 자동차 이야기나

꼼짝도 하지 않는 견인차 이야기도 만들 수 있지.

잔뜩 성난 멧돼지한테 쫓기는 이야기도 만들 수 있어.

아주 평범한 이야기를 만들 수도 있어.

낮   밤

풀을 먹는 코끼리나 똥을 누는 코끼리

바나나를 보고 웃는 소녀

다친 손가락이나

마른풀을 먹는 말 같은 것에 대해서 말이야.

아주 놀라운 이야기도 만들 수 있어.
알을 깨고 나오는 병아리나

씨앗에서 돋아나는 새싹

기타를 치는 태양

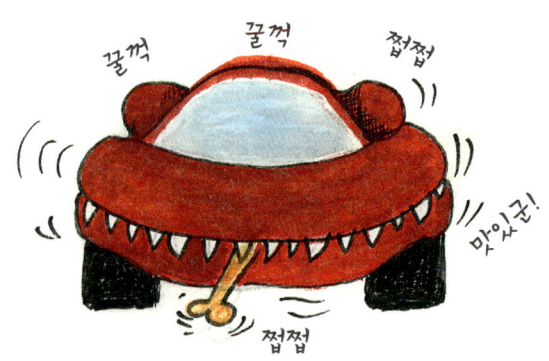

동물을 잡아먹는 자동차

그리고 아름다운 꿈 같은 것에 대해서 말이지.

아주 행복한 이야기를 만들 수도 있어.

무서운 이야기도 만들 수 있지. **오싹한 이야기**

분노를 이야기할 수도 있어. **녹색 공룡, 화가 나다**

행복한 사랑 이야기도 만들 수 있어.

들꽃 안나는 슬프고 목이 말랐어.

물뿌리개 구스타프가 안나에게 물을 조금 주었지.

둘은 사랑에 빠졌어.

조금 불쌍한 이야기도 만들 수 있지.

배고픈 상어가 헤엄치고 있었다.

뱅트가 물에 빠졌다.

저리 가! 흑.

공상 과학 이야기에서는 어떤 일이든 일어날 수 있어.

우주 이야기

우주선 하나가 지구에 착륙했다.

우주선에서 외계인들이 나왔다.

외계인들은 코끼리를 만났다.

외계인들은 우주선으로 돌아갔다.

개미 안경

개미 한 마리가 가비의 안경으로 기어 올라간다.

개미가 인사를 하자

가비가 기겁을 하고 달아났다.

이제 직접 해 볼래?

그럼 종이와 필기구를 가져와.
사인펜이랑 색연필도 있어야겠지?
연필과 지우개도 필요할 거야.
작은 네모 칸을 여러 개 그리고
시작해 봐!

꼭 성공하길 빌게!

이야기를 만들 때 내 책상의 모습이야.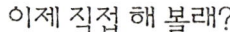